こどもとおとなのワーク絵本

わたしは・ぼくは たいせつないのち

さく：手《て》塚《づか》千《ち》砂《さ》子《こ》
え：中《なか》田《だ》真《ま》理《り》子《こ》

「このほんは、あなたがつくるほんです」

このほんはあなたのいいところをさがすほんです。そして、あなたがつくるほんです。
はじめにつぎのことをしてください。

①〝わたし〟〝ぼく〟のどちらかをえらんで、まるでかこんでください。よむときは、まるでかこんだほうだけよみます。

②〔　　〕がでてきたら、そこにことばをいれてください。ひとりでできないときは、まわりのおとなのひとにてつだってもらいましょう。

①と②がおわると、あなただけのとくべつなほんができあがります。
できあがったらなんかいもよみましょう。まいにちよんでいると、
あなたのいいところがたくさんふえてきますよ。
ぬりえのすきなひとは、いろをぬってたのしみましょう。

こどもとおとなのワーク絵本

わたしは・ぼくは たいせつないのち

あなたへ・きみへ

もしも
このちきゅうのうえに
たったひとつしかないものを
みつけたら

あなたは・きみは
とてもうれしくなるでしょ
そして
それを
たいせつにするでしょ

あなたは・きみは
もう
みつけているんだよ

たったひとつの
きらきらひかるもの

そう
それは
わたし・ぼく
といういのち

だから
いつも
じぶんをたいせつにしていこうね

いつでも
じぶんのいいところを
みて
いきようね

わたしの・ぼくの
いいところ、たくさんあるよ

「　」

「　」

「　」

「　」

「　　　　」

「　　　　」

（あなたのいいところを
さがして、「　　」のなかに
かきましょう。
42～45ぺーじもみてください）

わたしは・ぼくは
いつでも
わたしの・ぼくの
いいところを
おぼえている

だれかにわるくいわれても
わたしの・ぼくの
いいところを
わすれない

わたしは・ぼくは
じぶんを
たいせつにする

わたしは・ぼくは
まいにち
わたしを・ぼくを
ほめてあげる

きのうは

を
ほめてあげた

よくやったね！
わたしは・ぼくは
おりこうさん
わたしは・ぼくは
えらかった
わたしは・ぼくは
すごいよ
わたしのこと・ぼくのこと
だいすき！

（きのうの〝いいところさがし〟をしましょう。

たとえば「ごはんをよくかんでたべたこと」

「いぬをさんぽにつれていったこと」

というようにかいてください）

きょうも
わたしを・ぼくを
ほめてあげる
あしたもまた
ほめてあげる

いつも
いいところを
ほめていると
もっとたくさん
いいところが
ふえるんだって

ときどき
しっぱいもするけれど
でも
つぎは
きっと
だいじょうぶ

また
わたしを・ぼくを
ほめてあげよう

たまに
おこられたりするけれど
でも
わかれば
もう
だいじょうぶ

また
わたしを・ぼくを
ほめてあげよう

わたしは・ぼくは
うまれたときから
いいものを
たくさん
もっているから

しっぱいしても
いいところは
なくならない

おこられても
いいところは
なくならない

わたしは・ぼくは
ほかのひとの
いいところも
みつけられる

ほかのひとのことも
ほめてあげられる

わたしは・ぼくは
じぶんのことだけでなく
みんなのことも
たいせつにするよ

みんなも
うまれたときから
いいものを
たくさん
もっている

だから
みんな
たいせつな
いのち

たいせつな
わたしが・ぼくが
だれかに
ぶたれたら
いや！

たいせつな
わたしが・ぼくが
だれかに
いじわるされたら
いや！

とても
かなしい

だから
ほかのひとのことも
ぶったりしない
ほかのひとに
いじわるしない

だれでも
みんな
たいせつないのち

わたしも・ぼくも
みんなも
きらきらしている
たいせつな
いのち

ちきゅうのうえで
わたしは・ぼくは
いきている

かぞくも
ともだちも
せんせいも
がいこくのひとも

みんな
おなじちきゅうで
いきている

おはなも
くさも
ねこも
うさぎも

「　　　　　　　　　　」

「　　　　　　　　　　」

「　　　　　　　　　　」

みんな
ちきゅうのうえで
いきている

（すきなおはなやどうぶつの
なまえを〔　　　〕のなかに
かきましょう）

こうえんの
おおきなきも
すずめもはとも
いきている

うみや
やまやもりだって
いきている

みんな
わたしと・ぼくとおなじ
いきているたいせつな
いのち

じぶんの「いいところ」がわからないひとは、
つぎのなかからさがしてみましょう。

ごはんをよくかんでたべる
ともだちにやさしくできる
そとであそぶことができる
うちのなかであそぶことができる
ともだちとあそべる
きょうだいとなかよくできる
ひとりであそべる
てつぼうのまえまわりができる
きのぼりができる
おにごっこがすき

かけっこがすき
げんきがいい
こうさくがすき
うたがすき
えをかくのがすき
がっきがすき
おはながすき
どうぶつがすき
いぬのせわができる
おはなをそだてることができる
やまがすき
うみがすき
ほんがすき

おてつだいをする
おかあさんのかたをもんであげる
おつかいにいける
おこめをとげる
りょうりをはこべる
かたづけをする
「ごめんなさい」といえる
「ありがとう」といえる
へんじができる
こまっているひとをたすけてあげる
おとしよりにやさしくできる
じぶんのいいところをしっている
ほかのひとのいいところをしっている

じぶんをたいせつにできる
ほかのひとをたいせつにできる
じぶんのすきなものを「すき」といえる
いやなものを「いや」といえる
わらいたいときにわらえる
なきたいときになける
じぶんのきもちをはなせる
ひとのおはなしをきける
しっぱいしても、やりなおすことができる
じぶんがだいすき
おかあさんがすき
おとうさんがすき
すきなひとがいる

「わたしは・ぼくはたいせつないのち」解説編

はじめに

手塚 千砂子

私は、この本を次の三つの願いを込めて、子どもと大人のために書きました。

①子どもたちの心に「自分を大切に思う気持ち」と同時に「他の人や自然の生命を大切に思う気持ち」が芽生えてくれるように。

②本書の「子ども自身が書きこむ部分」を手伝うことで、大人自身も、子どもの良さに目を向け、そのことを言葉に出して伝えることを日常の習慣にするきっかけにしていただきたい。

③本書を子どもと一緒にくりかえし読みながら、大人自身も改めて自分の長所をさがし、自分をほめ、「自己肯定感、尊重感」を高めていくきっかけにしていただきたい。

幼い子どもが自分の良さを知るためには、周りにいる大人たち（親、祖父母、先生たち）の「肯定的な言葉かけ」が必要です。ほめ言葉、愛の言葉をくりかえしかけてもらうことで、子どもは自分の良さを知り、愛されていることを感じ、自信をつけていきます。そして無意識のうちに、自分が生まれてきたことへの肯定感や命を尊重する意識をはぐくんでいきます。それは、他の命（自分以外の人の命や動植物など自然の命）をも大切にする意識をはぐくむための土台になります。自分が大切にされ、認められているという安心感をもっていない子どもに、他の命を大切に思う心を育てるのはムリなことです。

とは言っても、自分を肯定できず、いつも自分を嫌い、責めている〝おとな〟にとっては、子どもにほめ言葉や愛の言葉を掛けたり、子どもが本来もっているすばらしさを信じることはなかなか難しいことだと思います。自分の存在を肯定できず、命を尊べない〝おとな〟が、子どもに「命の尊さ」を教えるのもまた、難しいことでしょう。

そういう意味で、大人こそが、自分自身の命への肯定感や自尊感情を育てることが必要であり、大切なことだと考えます。

家庭で、学校で、子どもの施設で、あるいはグループ活動で、本書のワークが広がることを心から願っています。

子どもが自分をほめることの大切さ
人からほめられることの大切さ

北村　年子

自分を大切に思う気持ち

子どもたちのいじめや非行、少年事件などを取材をしていて見えてくるのは、他者を攻撃する暴力行為も、また自分をいじめる自傷行為も、すべての問題は、自尊感情の欠如から生まれているということです。

ここでいう自尊感情とは、「セルフ・エスティーム」のことで、「自己尊重感・自己信頼感」といった、自分を肯定的にとらえ大切に思う気持ちのことです。

具体的にどういうものかというと、まずひとつに、簡単な言葉でいうと「自分が好き」ということ。自分のすばらしいところ、良いところをちゃんと知っている、「自分へのほめことば」をたくさんもっている、ということです。

それも、誰かと比較して自分は優れているとかすばらしいとか思う気持ちではなく、たとえ弱点や欠点があったとしても、いまあるがままの自分を「価値ある存在」だと思えること、自分はこの世に「唯一無二のすばらしい個性」なのだと思える気持ちです。

あるいは「自分が好き」というのと同時に「自分はこんなに好きなものがある」、「自分はこんなふうに愛せる」というように、人に愛をあげたり、感謝できたり、優しくしてあげられる「自分の中の肯定的な力」を実感できたり、そうしたすばらしい力をもっている自分を知っている、ということです。また、「自分の権利」をちゃんと知っているということもセルフ・エスティームの大切な要素です。自分の感情や意見を大切にし、それを表していいんだという自己表明権や自己決定権、そして自分は他者から尊重され大切にあつかわれるべき存在なんだという自己尊重権など、「自分の尊厳」を知っているということです。

ではなぜ、このセルフ・エスティームを子どもたちにはぐくむことがそんなにも大切なのでしょうか。

この十五年、私は子どもたちの問題を取材をしながら、いじめっ子たちに「なぜ、いじめるのか？」と、いじめる側の心理を尋ね、理解しようとしてきました。多くの場合、子どもたちは「ムカツクから」「いらいらする」「うざいから」といった曖昧で漠然とした感覚でしか心の内を表すことができません。けれどある日、「僕はつらいときに人をいじめる。生きているのがつらいから人をいじめたくなる」と答えた若者に出会いました。実は、彼自身がクラスメートからいじめを受けていた「いじめられる側」でもありました。

なのになぜ、いじめの被害者が、加害者に転じてしまうのか。

「そのつらさって、どんなつらさ？」と彼に尋ねると、こう答えました。

「僕は、自分に価値があると思えないんです。だから、人を否定したくなる。他人を否定すれば、自分がましに見えるから、人をいじめたくなるんです」と。

　そこではじめて私は、「いじめとは何か」「なぜいじめが連鎖するのか」が、わかりました。「自分の価値」を感じられないつらい気持ちから、誰かを否定し、自分より弱く低い位置におくことで、なけなしの「自分の価値」を確かめ、見いだそうとする行為、それこそが「いじめ」なのだと気づきました。

　けれど、そうした否定的なエネルギーのなかで、本当に自分をすばらしいと肯定できる自尊感情は、けっして得られません。いじめる側の自己否定感はさらに深まり、いじめられた子もまた、自分の存在を否定され、自尊感情を奪われていきます。そして、その「つらさ」から、さらに他者を否定しようとする「いじめの連鎖」が生まれ、「暴力の再生産」というマイナスの悪循環が起こっていくのです。

　いま起こっている、すべての子どもたちの問題は、子どもたちが「自分には生きる価値がある」と感じられない不幸、「自分はこの世に生まれてきてよかった」と自分を肯定できない哀しみから生まれている、といっても過言ではないでしょう。

　だからこそ、子どもたちが自分を好きといえること、自分のいいところをいっぱいほめられること、自分の価値をたくさん知っていること、そんな自尊感情の豊かな子どもたちに育てるためにはどうすればいいのかということを、大人自身が考えていかなくてはなりません。

　でも私たちは、自分にないものを誰かにあげたり、育てることはできません。まず子どもの自尊感情を育てようとする前に、私たち大人自身が、自分の自尊感情をはぐくむこと、自分の肯定感をはぐくむこと、自分を好きと思えることが、必要で大切だと思います。

長所のさがし方

手塚千砂子さんがご紹介されている「ラブライフ・トレーニング」を、私自身がこの十年、手塚さんの指導のもとで実践し、自分の自尊感情を育てることの大切さを実感してきました。そして自分の子育て体験から、子育て中のお母さんのための連続講座や、学校や児童館・公民館などの講演会で、このトレーニングを紹介しています。

そこでは大人の人自身に、まず自分の「いいところさがし」をしてもらいます。

自分のいいところを思いうかべてもらったり、紙に書きだしてもらったりするのですが、なかには「ひとつも出てきません」というかたもいます。特にお母さんがたの場合、「今日も子どもをガミガミ叱りすぎてしまった」「大らかで優しい母親になりたいのに、毎日イライラして子どもにあたってしまう」と、自分を責めたり、悪いところばかりが浮かんでしまうという人も少なくありません。

けれど、自分を責め、マイナス面にばかりとらわれていると、今ある自分のプラス面がますます発揮できなくなってしまいます。まずは、いったん、家事や育児を毎日、一生懸命やっている自分を「えらいね」「よくやってるね」「すばらしいよ」と、お母さん自身が、自分を認めてほめてあげることが大切でしょう。そして失敗もすれば弱点もある自分を否定せず、いったんあるがままに受けいれ、自分のよさを見つけられるとき、はじめてわが子の姿もありのままに受けいれることができるでしょう。（大人自身が自分をほめることの大切さについては、あとでまた詳しくふれたいと思います）

そこで「いいところさがし」をしていくポイントのひとつに、すべての性質は「両面鏡」(プラスとマイナスの裏表)になっているという見方があります。

ある小学校で保護者にアンケートをとったとき「あなたのお子さんはどんな子ですか?」という質問に、「頑固でこまる」「落ちつきがない」「神経質で人見知りが激しい」など、否定的なことばかり書いてくるお母さんもかなりいて、なかには「普通」と書く人もいました。欠点ばかりあげられるのもいやなものですが、わが子に「普通」というのはないでしょうと、思いました。

たとえば「頑固」な性質というのは、見方を変えれば「意志が固い」「自己主張できる」というプラス面もあります。「落ちつきがない」というのは、「好奇心旺盛」で「元気がいい」ということかもしれません。「神経質」であるというのは、「感受性が鋭い」ことでもあり「感性の豊かさ」かもしれません。また「うちの子はルーズでだらしないけれど、大らかでのびのびしていて小さなことにクヨクヨしない。それがこの子らしさだと思っています」というようなお母さんもいます。ちゃんとその子の長所も短所もバランスよく見ていて、わが子の「個性」を理解し尊重されているんだなと感じます。

だからもしもマイナス面が浮かんだとしても、それは一方でどんなプラス面につながっているんだろうと見ていけば、必ずその子ひとりひとりの「個性」がもつすばらしさが見つかるはずです。そして、マイナス面よりプラス面に目を向け、その良さをほめて伸ばしてあげることで、ますますその子のプラス面が発揮されることになるでしょう。

ぜひお母さん自身も、自分のイメージを肯定的な面からとらえ直してみることを実践してください。講座のなかで「私はドジでおっちょこちょいで、ほめるところがない」というお母さんがいました。「でもあなたがいてくれることで、いつも場が明るく楽しくなるよ。ちびまるこちゃんもサザエさんもマンガの主人公はみんなおっちょこちょいで、結局それって愛されるキャラクターなんじゃない？」と言った人がいて、一同、爆笑となったことがありました。まずお母さん自身が、自分のために、自分の「いいところさがし」をしてみましょう。そしてまた自分の家族やお友だちの「すてきなところ」を見つけて、伝えてあげてください。

個性を認めるほめ方

ひとくちに「ほめる」といっても、子どものどんなところを、どのような観点からほめればいいのか、悩んでしまうこともあるかもしれません。私も子どもが生まれてから、「ほめて育てる」ことが大切だと思い、絵を描いても、歌を唄っても、「上手、上手！」「すごい！　よくできたね！」というふうにほめていました。ある日、子どもが保育園で描いた絵をもって帰ってきたとき、「わぁ、いいね！」と言いました。でも子どもはしきりに「ヘタでしょ、ヘタでしょ？」と聞いてきます。私は「ううん、とっても上手だよ」と答えました。上手というより味がある、ダイナミックですてきな絵だと思ったのですが、「うそ、ヘタだよ。ボク、保育園で○○ちゃんに、ヘタって言われたもん」と泣きそうになっていうのです。そのときに、はじめて私は自分の「ほめ方」がまちがっていたことに気づきました。「上手だね」とほめてきたけれど、「上手にできる」ことがいいことだとなると、その反対に「上手にできないのはよくない」「ヘタはダメなんだ」という価値判断が生まれてしまうこと、そして「上手でなければダメだ」という観念にとらわれすぎて、「上手にできたかどうか」を気にするようになってしまったわけです。私はそこで、ただ「上手ね」という安易なほめ言葉ではなく、その子ならではの「よさ」や「自分らしさ」をよく見て感じて味わい、そのすばらしさをほめてあげられることが大切なのだと、気づかされました。

たとえば、「この絵は味があって、ダイナミックですてきだね」と、私が感じたままのよさを伝え、その感動を子どもと喜びあえればあえばいいのだと思いました。たとえ絵がグチャグチャとしていたとしても、「この色のここがきれいで、私、好きだなー」とか、「この木、両手を広げてる人みたい、こういうふうに見えたんだね」とか、「その感性がすてきだね」とか、その子の「個性」を認めてあげるほめ方にしてあげてほしいと思います。

いま、子どもたちは、学校での順位や点数、画一的な評価基準のなかで、人と比較して自分はより上手か、より点数が多いか、より早いか、より強いか、といった競争社会の価値判断で「優劣」をはかられ、「ありのままの自分らしさ」を肯定することがむずかしくなっています。

だからこそ、人との比較や優劣で判断する観点ではなく、遅くても、弱くても、小さくても、器用でなくても、「こんなすてきなところがある」「ここが好きだよ」「そこがいいかんじ」というように、その子のひとつの個性として、その子らしいやり方、その子らしい表現、その子らしいすばらしさを、認めてあげてほしいと思います。たとえ競争に勝てなくても、一等賞が取れなくても、「ナンバー1《ワン》より、オンリー1《ワン》」だということ。「あなたはこの世にたったひとつの個性でかけがえなのない存在なんだ」という視点からほめてあげてほしいと思います。

「いい子だ」という言葉もほめ言葉なのですが、「いい子でなくっちゃいけない」という呪縛が今の子どもたちはあまりにも強く、いい子でない僕はいらない子、いい子でない私は生きている意味がないと、無意識の恐怖感をもっています。ですから、お母さんや先生にとっていうことをきいてくれるから「いい子」、従順で育てやすい、管理しやすいから「いい子」といった観点ではない、その子の個性として「いいなあ、好きだなあ、すてきだなあ」と感じるところをどんどん表現して、ほめてあげてください。

また「できる・できない」にあまりこだわりすぎないでほしいと思います。確かに、何かが「できる」というのは子どもにとって自信になり、自分をほめる大切な要素です。鉄棒の逆上がりができなかったのができるようになったというのは、自信になりますが、そこで「できなかった」ということにとらわれすぎたり、他の人はできるのに自分はできないと比較していると、自己否定感や競争意識が強まり、自分自身の内的欲求から何かにトライしようとする意欲やパワーまで奪われてしまいます。できる・できないにとらわれず、「失敗しても、不完全でもかまわない」と思えること、まずは「やってみよう！」と自分からやりたい気持ちがワクワク起こってくるように、その子のペースや意欲を尊重しながら、成長のプロセスを見守り励ましてあげてほしいと思います。

子どもはほめてもらいたい

子どもは、自分を認めてほしい、ほめてほしいと、強く求めています。

幼いころは「僕のいいところってどこ？」「私のこと好き？」って素直に聞くこともできるかもしれませんが、だんだん年齢とともに聞けなくなっていくし、いいところがあったはずなのに、「どうせボクなんか……」「私なんて何やってもダメ」と、自信をなくしていきます。都内のある中学校で生徒に「あなたは自分のことが好きですか？」と、自分を肯定的にとらえているかどうかのアンケート調査をしたところ、なんと全体の約七割の子どもたちが「ノー、自分を嫌い」と答えていました。生まれてまだ十数年しかたっていない子どもたちが、自分のいいところがわからず自分を嫌っている、というのは、とても悲しいことだと思います。

さらに思春期以降、「自分さがし」の時期のなかで、ますます子どもたちは「自分を認めてくれる存在」を必要とし、渇望するようになるでしょう。

不登校やひきこもりを体験してきた子どもをたちを取材するなかで、二十歳のS君という若者に出会いました。小学校、中学校と、つらいいじめにあってきた彼は、十四歳から不登校になり十七歳までの三年間、自宅の自分の部屋に引きこもってすごしていました。彼に「引きこもっていたあいだ、何を思っていたの？」と聞いたところ、こう答えてくれました。

「僕が、つらくて部屋で泣いてたとき、一度でも父や母が〝大丈夫？〟ってやさしい言葉をかけてくれたことがあったかなあって。父も母も、泣いてる僕を見ると、よけいイライラして怒るんです。そして僕をよくはいわない。一番つらいのは、自分で自分の良さがわからない、自分の存在理由がわからないってこと。僕はなんで生まれてきたんだろう？　僕のいいところってどこ？　ってすごく不安で。それをいってくれる人をすごく求めていたんだと思う」

そんなとき彼は、中島みゆきさんの「瞬きもせず」という歌を聴いて、自分を励ましていたといいます。こんな詞です。

〝君を映す鏡の中　君を誉める歌はなくても

僕は誉める　君の知らぬ君についていくつでも〃

いくら自分の姿を鏡に映して見ても、ちっともいいところがない、ほめるところが見つからない。けれど「僕はほめてあげるよ、君は気づいてないかもしれないけれど、君にはこんないいところがあるよ」、そういってくれる人がほしかったと話していました。

子ども自身が自分で自分をほめられたらいいのですが、周囲から自信を奪われていたり傷つけられたり否定されたりしていると、なかなか自分をほめることができません。また自分の本来のいいところを見つける力も呼びさませなくなってしまいます。

そんなとき「こんないいところあるじゃない」、「あなたが気づかなくても私は知っているよ、こんなにすばらしいところがあるよ」と、誰かがちょっと助けてあげられたら、子どもたちは、水を得た魚のように、「そうか、自分にはこんなよさがあるんだ」と自信を取り戻し、どんどん本来のすてきな自分に気づいていけると思います。

生まれてきてくれてありがとう

ほめ方も「両刃《もろは》の剣」であり、ひとつまちがうと「競争意識」や「自己否定感」を強めてしまう要素もあることについて、先ほどふれました。

私は、究極のほめ言葉とは、その子の存在の「無条件の価値」を認め、讃《たた》えてあげられることだと思っています。何ができるからすばらしいとか、何をしてくれるからいい子というような、条件付きの価値でなく、「生まれてきてくれてありがとう」「あなたがいてくれてうれしいよ」といった、今、ここに生きていること、存在していること、いまそのままの存在を肯定する、「無条件の愛」のメッセージです。

自分の存在が、大好きなお母さんやお父さんを困らせている、自分は生まれてこなければよかった、と感じさせられるのは、子どもにとって何よりつらく悲しい不幸なことです。だからこそ、子どもが生まれたことで得た喜びや楽しみ、プラスの体験を〝あなたが私にそれをくれたんだよ〟と伝えてあげられたら、それだけでも「生まれてきてよかった」という思いを子どもはもてるようになるでしょう。

たとえば、私も産後、子どもの激しい泣き声にすぐにいらいらしてしまい、なぜそうなってしまうのかわからず、自分を責めては落ちこんでしまう時期がありました。けれど、トレーニングしながら自分を見つめなおすなかで、実は私自身が、物心ついたころから「大声で泣く」ということを自分に許していなかったことに気づきました。お母さんを困らせてはいけない、泣いてはいけないと、声をころして我慢していた子ども時代の自分に気づいたのです。

人は、自分に許せないものを、他者に許すことはできません。「泣きたかった私」を素直に認め、心から受けいれられたとき、私は、泣きたいときに思いっきり泣けるわが子を、「ああ、この子はこれでいいんだ」と受けいれることができるようになりました。そして、泣くこと、笑うこと、遊ぶこと、人生を楽しむことなど、子どもの誕生を通して「ありのままの自分」を愛して生きることの大切さを教えられました。

子どもは、いつも親のいうことをきいたり、親の教えや愛を受けるためだけの存在ではなくて、親に愛や気づきを与え、親を育ててくれている存在でもあります。それをきちんと言葉にして、子どもに伝えてあげてほしいと思います。

「あなたがいてくれて、お母さんはこんなことに気づけた」「あなたの存在を通して、こんな体験ができたよ」「ありがとう。あなたが生まれてきてくれてよかった」と。

ひとりひとりが「いいところさがし」の名人に

でも、子どもの自尊感情を育てるのは、けっして親だけではありません。現実には、子どもへの虐待の問題など、むしろ一番身近な親や大人が、子どもの自尊感情を奪う加害者になることも多いのが現状です。

残念ながらS君の場合、自分の親からそうしたほめ言葉をもらうことが、なかなかできませんでした。けれど、彼はなんとか自分で自分を勇気づけ、ひきこもっていた部屋から十七歳で外の世界に出ると、フリースクールやサークルで自分と同じような体験をもつ仲間と知りあい、そこではじめて「自分のいいところ」を認めてくれる人たちに出会うことができました。そして他の人の悩みを聞いてあげたり、相談にのっているうちに、「S君がいてくれてよかった」といわれ、「自分にもそんな力があるんだ!」と自信を取り戻し、今は介護福祉士をめざして勉強とアルバイトにはげんでいます。

S君のように、自分の悩みや痛みに共感してくれる友人や身近な大人、児童館の職員や地域の人々であったり、誰か一人でも、二人でも、自分を認め、ほめてくれる人がいれば、少しずつでも子どもたちの自尊感情は育ち、生きる力が回復していくでしょう。

わが子に対してだけでなく、地域の子どもたち、身近な子どもたちに対して、私たちひとりひとりが「いいところさがしの名人」となって、子どもたちの自尊感情をともにはぐくんでいくことが大切だと思います。それは親でなくても、近所のおばさんが「いつも小さい子と遊んでくれてありがとう、私もうれしいわ」といってくれる、ボランティアの場でお年寄りから「〇〇ちゃんが車椅子を押してくれて本当に助かったわ！」といってもらえるだけで、その子は自分の価値を感じられます。「あなたがいてくれてよかった」というメッセージは、最高だと思います。

「ほめる」ことと「甘やかす」ことの違い

講演会などでよく受ける質問に、「ほめたり、肯定したり、受容ばかりするのは単なる甘やかしで、子どもはわがままになりませんか？」というものがあります。

しかしその子の存在を受容することと、その行動をなんでも許容するということは明らかに違います。たとえば、けんかをして友達を殴ってしまって、先生に「暴力は、絶対にいかん！殴ったものが絶対に悪い、あやまれ！」と一方的にいわれたら、子どもは心を閉ざしてしまうでしょう。たとえ、そこで表面上は「ごめん」とあやまったとしても、根底にある問題は解消されないまま、友達との関係は改善せず、先生に対する信頼感も損なわれてしまうでしょう。

講演会のあと、カウンセリングマインドについて、大阪のある中学校の先生からこんな報告をもらったことがあります。

暴力をふるった子にこれまでは「暴力はいかん！」と怒鳴っていたけれど、自分もいったんその子の気持ちを受容してみようと思って、殴った方の子を呼んで気持ちを聞いてみたといいます。「何があったんだ？　おまえにもそれなりの理由があったんだろう。どういう気持ちだったのか？」と。でも男の子は、歯を食いしばって何もいわない。そこで、その先生は自分のことを思い出して「そういえば俺も、中学のとき友だちとけんかして、こういう事情で、こういう気持ちで殴ったことがあった」と話すと、はじめて、そのツッパっていた子が「へぇー、先生も？」とまじまじと顔を見て、そこから打ちとけて話してくれた。「実はオレ、おふくろの悪口をいわれて、ついカッとなってしまった」と。彼は母子家庭で、スナックで働きながら懸命に自分と弟を育てているお母さんを大切に思っていました。でもそんな母親を、友達が侮辱するような言葉でいったので、がまんできなくて殴ってしまったこと。またお母さんを尊重する気持ちから、先生にも誰にも話したくなかったこと。そんな自分の思いをひとしきり語り、聞いてもらうと、「でも俺も、相手があんなに鼻血出るまで殴ったのは悪かったと思う。明日あやまります」と、その子の方からいいだし、先生もびっくりしたということでした。

「決して殴ったことを認めているわけでも許しているわけでもないけれど、でも殴らざるを得なかった当人の気持ちを受容することと、やった行為を許容することは違うのだと。そのことの意味がよくわかりました。彼があのまま自分の気持ちをだれにも受けいれてもらえなければ、また同じ表現方法を取るだろうし、反抗はもっとエスカレートして、心はどんどん傷ついていったでしょう」と、先生は話していました。

自分を認めてもらえない子、自分の価値を実感できない子が、そのつらさ、苦しさから人をいじめているのですから、自分を大事にできたり、自分の価値が認められたり、自分をほめることができてはじめて、友だちの価値や権利を認められるし、友達を大事に思えるのだと、私は信じています。

また、このとき閉ざしていた男の子の心を開くきっかけになったのは、先生自身が自分の体験をふりかえり「自己開示」してくれたことも大きな要素だったと思います。子どもたちへの「受容と共感」とともに、私たち大人自身が自分のなかにある弱さや過ちも、いったんあるがままに受けいれ、そのときの自分のつらさや苦しさを理解してあげることも重要でしょう。

大人もほめてもらいたい

年中、子どもを否定し、怒鳴っているお母さんがいます。でも、よく話を聞いていくと、実はそのお母さん自身が自分に対して「まったく私って!」と怒鳴っていたり、自分の性格は悪い、ダメな人間だと否定していたりするのが見えてきます。

お母さんたちの講座で「いいところさがし」をしていると、「実は私も、夫や親にほめてほしかったんだ」と気づく人にたくさん出会います。「素直に自分をほめてほしいという気持ちが起こったときに、この子だってほめてほしいんだとわかった」というお母さんがいました。洗濯だって、料理だって、子育てだって、やって当たり前、ほめてもらうためにやってんじゃないのよ、という気持ちで頑張っていると、「お片づけやってえらいわね、宿題やってすばらしいなんて、いちいちほめることじゃない、やって当たりまえよ」となってしまいます。ついイライラして、「あんたももっと頑張りなさいよ!」「なんでできないの!」とさらに追いうちをかけてしまうことにもなります。

でもお母さん自身が、ふだんやっていることが実は「できて当たりまえ」ではなくて、ひとつひとつがすごいことだと思えれば、子供がやっていることもすごいことだなと思えるようになるのではないでしょうか。家事や育児、仕事や地域での活動、そのひとつひとつに対して、きちんと自分を「よくやってるね」「すごいね」「えらいよ」とほめてあげることが大切です。たとえば、たった今この本を読んで「子どもをほめてあげたいと思っている自分」「何かを学ぼうとしている自分」「プラスに変化したいと願っている自分」、これだけでももう、次つぎと「自分へのほめ言葉」が出てくるはずです。

「自分をほめる」とは、つまり、自分の気持ちや行為をきちんとよく見て、自分を理解し、「自分をわかっていてあげる」ということではないでしょうか。まず大人が、ちゃんと自分を見つめ、「自分をほめる」作業をやらないかぎり、いくら子どもをほめてあげましょうとか、いいところを見つけてあげましょうといっても、難しいでしょう。

ある大学で講演をしたとき、学生さんたちに話をきいてみると、「自分をほめたことがない」という人がほとんどでした。野球部のエースをやっていたある男子学生は、「野球部で活躍しているときは周りからもほめてもらえるので価値を感じられたけど、部をやめたあとの自分は無価値だと思って、自分を否定してきた」といいました。

ある女子学生は「私がどんなにテストで頑張っても、母はほめてくれたことがなかった。一〇〇点をとっても、それが当たりまえで、一〇〇点をとれない私は、生きてる意味がないと思っていました」といいました。

また、自分をほめることは恥ずかしいこと、美徳ではない、うぬぼれる、いけないことだと思いこんでいる人が、大勢いました。

教職課程の学生さんたちだったので「自分をほめてあげられないと、将来、先生になったときに子どもたちをほめてあげられないよ」と話し、ほめるワークをしたところ、女子も男子も、涙をポロポロ流していました。ある女の子は「北村さんが〝自分をほめてあげましょう〟と言ったとき、お母さんの声に思えて、涙が止まりませんでした」と。それだけ子どもたちは、今そのままの自分を認めてほしい、愛してほしいと、痛切に求めています。

この本を使ってぜひ、大人自身がまず自分の「いいところさがし」をやってみてください。そのなかで、自分もほめてほしかったという気持ちを思い出してみてください。大人が自分のなかにある、素直な気持ちに気づき、認められれば、子ども自身が、もっとほめてもらいたい、認めてもらいたいと願うことは、自然で当たりまえのことだと理解できるはずです。

母親講座のなかで、私はこの「いいところさがし」のワークを通して、回を重ねるごとにお母さんたちの表情が明るくなり、「子どもを怒鳴らなくなってきた」「リラックスして子育てできるようになった」「子どもといる幸せをしみじみと感じるようになった」と、イキイキ変化されていく姿を、日々、実感しています。

どうか、ぜひ「いいところさがし」を、まずご自分に、お子さんに、家族に、そしてお友だちや、地域に、社会にと、ひとりひとりがひろげていってくださることを、心から願っています。

「命の大切さ」を伝える

手塚　千砂子

大人が自分をほめる大切さ

私は大人の人たちを対象に、私自身が開発したプログラムによって「自分に対する肯定感（セルフ・エスティーム）」を高め、本来もっている内的な力を取り戻すトレーニングを長年にわたって行なってきました。そのプログラムの中心になるものは「自分の良さを認め、自分に肯定的な言葉をかける（自分をほめる）」というシンプルなものです。


「自分の欠点ばかり見て、自分を嫌っている」

「子どもや家族、周りの人といい関係をもてない」

「子どもをなかなかほめられない」

「生きていることが苦しい」というような人たちに、このトレーニングは私自身の予想を上回る大きな効果をもたらしました。


自分の良さや、もっていた能力、感覚、感性を再発見し、そのことを自分自身が認め、ほめてあげる、このことをくりかえし実践することによって、自分への信頼感が高まり、生きていくことへの不安が取り除かれてきます。そして「私は私のままで大丈夫」という安心感や心の安定を得ていくことができるのです。もちろん短期間で一〇〇パーセント自己否定から自己肯定に変わるものではありませんが、「私の中には私がまだ知らない〝いい力〟がたくさん潜在しているのだから、この調子でやっていけばきっと大丈夫だ、だんだんプラスの方向に変わっていけるんだ」という自分に対する根源的な信頼がもてるようになります。生きていく上で、このことが最も大切なことであり、それが生きる力となり、自分を尊ぶということになるのです。

自分への信頼感、肯定感がもてるようになってくると、次にどういう変化が起きてくるのでしょうか。

「子どもに『ママ、この頃優しくなったね』と言われます」。

「『お母さん、あまり怒らなくなったね、どうして』なんて子どもが言うんですよ」

「以前は私にあまり近寄らなかった子どもが、この頃は私のそばでよく遊ぶようになりました」

などと嬉しそうに報告してくれる人に、私はたくさん出会っています。

自分のプラス面に目を向ける「心の習慣」を身につけると、自然に子どもや周りにいる人たちのプラス面が見えてきます。そしてそのことを言葉にして伝えるようにしていくと、子どもは落ち着いてきて、子どもなりの愛を表現するようになります。

また、子どもとの関係だけではなく、ギクシャクしていた〝おとな〟との関係も、なんとなくプラスの方向に変化していきます。

すべての人は自分の尊さを知っている

人はだれでも（大人も子どもも）生まれた時から備えもっているものがあります。「人間としての尊厳」や「人権」というものは、誰かに与えられるものではなく、初めからすべての人がもって生まれてきています。

同じように、私たちすべての人は、「自分を尊ぶ意識」と共に「自分以外の命を尊ぶ意識」をもっています。また「調和の意識」「善なる意識」「愛」「才能」など、〃すばらしい意識や力〃をもって生まれてきています。

それは潜在しているため表面的に自覚しにくい面があるのですが、まちがいなくもっているのです。これらの意識をできるだけたくさん表面に出すためには、自分を信じ、「良いところ」に目を向けつづけ、自分を肯定的に見る心の習慣をつけることがポイントです。

逆に、表面に見える欠点ばかり見て、「ダメだ」「いやだ」「きらいだ」と、自分に否定的な思いを向けつづけていると、生まれた時にもってきた命への肯定感やすばらしい意識を表面化することがむずかしくなってきます。

「自分の長所やプラス面に目を向けつづけることは、さらに深いところにある〃すばらしいもの〃を自分の中から掘り出す働きをするのですよ」という意味を込めて、本書では「いつもいいところを　みていると　もっとたくさん　いいところが　ふえるんだって」と表現しました。

生まれた時からもっている「すばらしい意識や力」は、だれにとっても大切な宝ものです。

本書ではそれを「きらきらしている」と表現しました。この「きらきらしている」ものは、誰かの力によって奪われたり、あるいは自分の外に飛び出してどこかに行ってしまうということはありません。

しかし、子どもの頃から「おまえなんか産まなければよかった」「あんたなんかいらない！」「どうしようもない子だ」「性格が悪い！」などと否定的な言葉をいつも言われ、抑圧され、あるいは暴力を受けていると、もともともっている宝ものはどんどん閉じこめられてしまいます。でも「閉じこめられる」だけで、消えてなくなるわけではありません。

子どもがもっているこの宝ものを引き出し、育てるのは大人の役目です。しかし、残念だけれど子ども時代に充分に引き出してもらえなかったという人でも、トレーニングによって自分自身で引き出すことができます。

「絶対になくならないもの」として、いつまでも自分の中にもっているものなのですから、そのことを信じ、忘れないことです。

「表面的に見える長所だけでなく、自分ではまだ気がついていない『きらきらしたもの』をたくさんもっているのですよ。そのことも忘れないでください」という意味も込めて

「いつでも　わたしの・ぼくの　いいところを　おぼえている
だれかにわるくいわれても　わたしの・ぼくの
いいところを　わすれない
わたしは・ぼくは　じぶんを　たいせつにする」（10ページ）

と書きました。

特別の人だけでなく、本当にみんな、だれでも生まれた時から宝ものをたくさんもっていて、なくなることはないのですが、「自分はもっていない」「なくなってしまった」と思いこみ、絶望し、悲観的な生き方をしていると、本当は「ある」のに「ない」ことと同じになってしまいます。なぜなら自分を否定しつづけている間は、「いいもの」に出会いにくくなってしまうからです。

そこで、小さな子どものうちから、自分の中にあるものを信じる力をつけることがとても大切なのです。それが将来への夢や希望につながり、生きる力になっていきます。

「わたしは・ぼくは　うまれたときから　いいものを　たくさん　もっているから
しっぱいしても　いいところは　なくならない
おこられても　いいところは　なくならない」（22ページ）

と書きましたが、これは子どもだけではなく大人にも強く信じてもらいたいことです。

自分の人権や尊厳を守ることは、自分の権利だけを主張して自分だけを守るという意味でないことは、言うまでもありません。そこにはすべての人の人権や尊厳を認め、侵害しないという意味を含んでいます。また自分の人権を大切にする人は、他の人の人権も尊重するものです。同じように「自分のいいところに目を向け、自分を大切にする」ということは、自分だけが優れているのだと高慢になるのではなく、「どの人もそれぞれにいいところがあるのだ」「自分が尊いと同じように、他の人も尊いのだ」ということを認め、大切に思う気持ちを育てることでもあります。

自分を肯定できること、信じられることによって、子どもも大人も、強く生きる力をもてるし、やさしさやおもいやりなど、たくさんのいい感情や感性、意識を表面化させることができるのです。それは人間に対するだけでなく、鳥や花、動物や昆虫など、大自然のすべての命にもやさしくやわらかな感性、感覚を表わしていくことにつながっていきます。

そのことが個人の人生を幸せなものにすると同時に、社会や地球環境をより良いものにしていくことは、だれでも想像できると思います。

「だれでも　みんな　たいせつないのち
わたしも・ぼくも　みんなも　きらきらしている　たいせつな　いのち」（34ページ）

「おはなも　くさも　ねこも　うさぎも……」（38ページ）

とくり返し読むことで、子どもの心に潜在している〝きらきらした意識〟が少しずつ芽を出してくることでしょう。

いじめ社会から認め合う社会に

子どもや少年の自殺、凶悪犯罪などが起きるたびに、「命の大切さを子どもに教えなければ」という声が聞かれます。本当にそのとおりだと思います。しかし、その前に大人たち自身が自分の命や他の命を大切に思い、その思いを行動に表わし、人生を肯定的に誇りをもって生きていこうとする姿勢をもたなければなりません。そうでなければ、子どもに「命の大切さ」を教えることはむずかしいと思います。
「命の大切さ」という深い意識の問題は、お説教やその時だけの言葉で教えられるものではありません。幼い子どもの心の深いところにあるものをはぐくんでいくための環境と長い時間が必要なのです。それは家庭環境や教育の問題だけではなく、子どもが生まれ育つ社会環境や自然環境が大きく影響してきます。つまり社会を構成する大人の一人一人の生き方や価値観、意識が、その社会の子どもに影響を与えるのです。

お金や地位を得るための過度な競争から必然的に生まれてくる大人社会のいじめやいやがらせ、足の引っぱり合いに、私たちの感覚はマヒしていないでしょうか。ストレスで疲れ果てた心は、暴力的、攻撃的になってはいないでしょうか。生きていることに絶望していないでしょうか。

人間の外側ではなく内的な面に、命に、目が向いているでしょうか。人間の目に見えない価値を軽んじてはいないでしょうか。

そして自然環境はどうでしょう。残念ながらこれは世界的に破壊の方向に向かっており、私たちの社会もかなり努力をしないと子どもたちにいい自然環境を与えられなくなっています。「子どもに命の大切さを知ってほしい」と願わない大人はいないと思います。だからこそ私たち一人一人が、自己肯定感、尊重感を高め、心の深くに在るキラキラする意識を信じ、表わしていくことが必要なのです。ＩＴ革命へと突き進んでいく今の時代だからこそ、こうした意識を育てることを社会的な目標にしなければならないと思います。そして人間性を疎外する競争社会から「生命尊重」を最優先する社会に、私たち自身が転換させていかなければなりません。

大人たちが自分と自分以外のすべての命を尊び、それを社会のありように反映させ、目に見える形で示していく時、子どもたちはしぜんのうちに「命は大切なものだ」とわかるようになるでしょう。それが子どもたちを幸せにすることであり、また大人自身が心の安らぎを得ることでもあるはずです。

大人のためのトレーニング

ここで肯定トレーニング（ラブライフ・トレーニング）のやり方の基礎的なところを説明しておきましょう。「自分に自信がない」「自分をあまり尊重していない」という方は実践してみて下さい。

1. 自分の長所、得意なこと、できること等を思いつくだけノートに書き出します。（なるべく10から20くらい書き出しましょう）
2. 書いたものをくりかえし自分の心に言い聞かせます。（何かをやりながらでは効果が上がりません。このことに集中し、できれば深い腹式呼吸をしながら実践しましょう）
3. 「長所の言い聞かせ」は何日でも、あなたがもう充分だと思うまで続けてください。
4. 毎晩、その日一日の自分をふり返り、ほめてあげられることを探して、ノートに書きます。（特別のことを探そうとしないで下さい。小さなこと、あたりまえと思えることを認めてほめることが大事です。）

例：「今日も子どもの世話が大変だったけど、がんばったね、えらかったよ」「自分に優しい言葉をかけてあげたね。その調子！」

5．落ち込んだ時、イライラする時には、自分を責める感情をできるだけ切り変えて、自分の長所、プラス面に目を向け、優しい言葉、慰め、励ましの言葉などをかけてあげること。この時もできれば深い腹式呼吸をするのがいいでしょう。

例：「よくがんばっているじゃない」「できない時だってあるのよ」「そのうちだんだん良くなるから、焦らないで」「手抜きをするのもゆとりをもつために必要なこと。ゆっくりやすもうね」

6．自分の長所を見たり、自分をほめることができるようになったら、子どもや家族、周囲の人の良さに意識的に目を向けるようにします。できれば言葉にしてみましょう。

7．自分の中のプラスの変化を発見したら、そのこともノートにつけて、必ずほめてあげます。

例：「もともと私の中にあった力なんだね。すばらしいね」「よくできたね。すごいじゃない！」

どのようなプラスの変化が生まれるかというと、

①子どもの良さをきちんと見られるようになり、ほめ上手になる。

②子どもだけでなく、家族や周りの人の欠点が気にならなくなり、プラス面を見ることがうまくなる。

③気持ちに余裕が生まれ、気力、活力が出てくる。
④自信がついてくる。
⑤自分の感情やきもちを押え込まないで、上手に伝えられるようになる。
⑥人の言動に振りまわされていた人は、「私は私」と思えるようになってくる。
⑦心の解放、癒しに役立つ
⑧自己肯定感、尊重感が出てくる。
などです。

大人が自分で自分をほめることは、子どもが大人からほめてもらうのと同じような効果があります。しかし、大人の心は、子どものように柔らかく無垢ではありませんから、腹式呼吸や集中して一定の期間、実践を継続することが必要になります。「自分の良さに目を向け、自分をほめること」が、心の習慣になるまでコツコツやってみて下さい。

『幸せになる心のトレーニング』（手塚千砂子著・学陽書房・六九三円）も参考にして下さい。

【この本の使い方】

1. 本書3ページを読んで、子どもさんに説明してあげて下さい。

2. 8ページ「良いところ」を書きいれる時は、一緒にさがしてあげて下さい。

3. 12ページ「きのうのことをほめる」ところは、まず、思いつくことをいくつでも出してみましょう。それから書きこむことを選びます。特に「きのうのこと」にこだわることもありません。

4. できるだけ、子どもさんがくり返し読むように、リードしていただきたいと思います。

5. 子どもさんの「いいところさがし」を中心にしながら、「おかあさんのいいところさがし」「○○ちゃんのいいところさがし」というように、家族やお友だち、先生などの「いいところさがし」も、一緒にしてみましょう。

学校やグループでの実習

輪になってラブライフ・トレーニング

1. 参加者が輪になって座ります。
2. 先生またはリーダーはあらかじめ、子どもたちに本書を完成させて、自分のいいところを輪の中で発表できるように準備をする時間をあげてください。
3. 一人ずつ自分のいいところを発表していきます。(参加した子どもが平等に発表できるように、一つずつとか二つずつとか、数も決めておいた方がいいでしょう)
4. 次に、右隣に座っている人のいいところを一つずつ言っていきます。
5. 一周したら、次に左となりに座った人のいいところを言っていきます。一周したら終わります。(この場合も、参加した子どもがみんな平等にほめられるようにすることがポイントです)

〈このトレーニングの注意点〉

☆「自分をほめる時」発表している子をひやかしたり、「うそばっかり」「おまえにいいとこなんかないよ」などと否定的なことを言わないように気をつけてあげて下さい。

☆「隣の人からほめられる時」ほめてもらったら必ず「ありがとう」と答えるように話してください。

＊大人の場合、ほめられた時に「そんなことないですよ」と否定する人が多いのですが、ほめてくれた人の気持ちを素直に受けとめて「ありがとう」と言うようにしてください。ほめられ方のトレーニングでもあります。

☆「隣の人をほめる時」相手をうらやむような言い方や自分と相手を比較するような言い方はしないように子どもたちに話して下さい。

＊やはり大人の場合、相手に「うらやましい」と言うことが「ほめること」だと勘違いしている人が多いようです。人をうらやむという感情は、ひがみや嫉みの感情に通じるものです。また、自分と比較して相手をほめるのは、無意識のうちに自分の心を傷つけます。

これは気持ちを明るく楽しくしながら、肯定感や善なる意識を開いていくトレーニングです。もともと大人の人を対象にしたセミナー、講座などで行なってきたものですが、子どもたちの間に広めたいと思っています。

自分をほめ、他の人をほめ、そして自分が他の人からほめられる。こんな心の習慣が生活の中に入ってくれば、お互いにいいところを見て、認め合い、大切にし合う心が育ち、人の優しさや善が広がっていくのではないでしょうか。そうなるように切に願っています。

【プロフィール】

手塚千砂子（てづか ちさこ）
心のワークショップルーム「心のジム・テヅカ」主宰。
農林省職員、業界新聞記者等を経て、一九八八年から自己肯定・自己癒しのトレーナー、カウンセラーとして活動を始める。体験的研究により自己啓発のための「テヅカプログラム」を開発。
一九九八年、その理論と実践の成果が認められ International Academy of Education（米国財団法人）より社会文化教育功労者賞を受賞。
二〇〇一年一月、ラブライフ（命を大切に）運動を提唱。教室での指導の他、各地の自治体やサークル、団体等で、セミナーや講演などをおこなっている。
主な著書『幸せになる心のトレーニング』（学陽書房）、『性愛』（学陽書房）、『タイから来た女たち』（三一書房）など。
ホームページ http://homepage1.nifty.com/tezuka/index.htm
連絡先 〒162-0848 東京都新宿区市ヶ谷左内町11-403
心のジム・テヅカ FAX03-3260-8061

中田真理子（なかだ まりこ）
一九八三年生まれ。東京都立工芸高等学校在学中。

北村年子（きたむら としこ）
一九六二年生まれ。子ども・女性・社会的弱者をめぐる問題をテーマに、執筆活動や教育テレビ番組のレポーター、講演活動などに活躍中。みずからの子育て体験から、現在、育児不安に悩む母親たちの仲間づくり・子育て支援のための連続講座を、各地の自治体やNPO等の招きでおこなっている。
主な著書『大阪・道頓堀川「ホームレス」襲撃事件――弱者いじめの連鎖を断つ』（太郎次郎社）、『少女宣言』（長征社）など。

こどもとおとなのワーク絵本
わたしは・ぼくはたいせつないのち
発行日＊2001年6月15日　初版第一刷発行
2001年12月1日　初版第二刷発行

著　者＊手塚千砂子　絵＊中田真理子
発行者＊鈴木　誠
発行所＊㈱れんが書房新社　東京都新宿区三栄町10　日鉄四谷コーポ101
電話 03-3358-7531　FAX 03-3358-7532　振替 00170-4-130349
印刷所＊モリモト印刷株式会社

装丁／狭山トオル　ISBN4-8462-0246-1 C0070　落丁・乱丁本はお取換いたします。